Volker Präkelt

Mensch, Mammut!

Warum der Koloss ein dickes Fell
brauchte und was die Ötzi-Forscher
vermasselt haben

Mit Illustrationen von Derek Roczen

Arena

Australopithecus afarensis

Homo erectus

Neandertaler

Volker Präkelt, Homo sapiens

Volker Präkelt ist ein Homo sapiens wie wir alle. Er macht Fernsehen und Bücher für Kinder. Und Hörbücher, für die er 2009 den ARD-Kinderhörspielpreis erhielt. Als Musikfan mag er die Rolling Stones und vermutet, dass die Band mal eine 35.000 Jahre alte Flöte im Studio benutzt hat.

Derek Roczen ist studierter Künstler und Trickfilmzeichner. Er illustriert Bücher mit Leidenschaft und entwickelt Trickfilmbeiträge fürs Fernsehen (3sat, arte). Seine Kurzfilme „Captain Bligh" und „Bärenbraut" wurden auf vielen Festivals gezeigt. Er lebt in Köln am Rhein und wird sich im nächsten Kölner Karneval als Dino verkleiden!

Wolle ist ein Zwergmammut, das nur 80 cm groß wurde! Solche Mammuts gab es wirklich. Nur Wolle ist frei erfunden. Für „BAFF! Wissen" hat er sprechen gelernt. Aber manchmal verdreht er die Buchstaben: Statt Steinzeit sagt er Zein-Steit und Has-Norn statt Nashorn. Wensch, Molle!

Potus war schon immer da. Der gewitzte Rabe fliegt durch die Zeiten und kennt jeden Knochenfund aus der Steinzeit. Angeblich!

Von welchem Steinzeitmenschen stammen wir ab? Klar, Homo sapiens!

Inhalt

Comics in der Steinzeithöhle

Du wolltest lieber an die Nordsee. Aber Mama und Papa mussten ja ein Ferienhaus in Südfrankreich mieten. Jetzt regnet es schon wieder. „Wir besuchen eine Ausstellung!", schlägt Papa vor. „Was gibt's da zu sehen?" – „Comics!", ruft Mama. „Echt? Superhelden und so?" – „Ja – irgendwie schon. Aber 30.000 Jahre alt." Na, super …

Ein schmaler Weg führt in die Dunkelheit. Zum Glück spricht der Mann mit der Taschenlampe Deutsch. „Steinzeitmenschen haben diese Tiere an die Höhlenwände gemalt." Aha? Dann siehst du die Bilder: galoppierende Pferde, kleine Hirsche, schnaubende Stiere. In leuchtenden Farben, groß und so lebendig. Haben die das zum Spaß gemalt?

„Das weiß keiner", sagt der Taschenlampenmann. „Vielleicht wollten sie die Geister der Tiere beschwören, um Erfolg bei der Jagd zu haben – mit Farben aus Kohle, Erde oder Pflanzen." Du schießt ein Foto und schickst es deinem Freund. „Supercomic aus der Steinzeit", schreibst du. „Echt cool!"

Potus packt aus

Eiszeit, Steinzeit, Bronzezeit – da kommt man ja völlig durcheinander. Also: Die Forscher datieren den Beginn der Steinzeit auf etwa 2,6 Millionen Jahre vor Christus. Als immer mehr Menschen mit Metall arbeiteten, sprach man von der Bronzezeit. Die begann vor ungefähr 4.200 Jahren. Eiszeiten gab es damals häufig – auch in der Steinzeit.

Nick: Ich bin ein Homo sapiens – genau wie du. Das ist Lateinisch und heißt „weiser Mensch". Na ja! Wenn ich meine Schulnoten anschaue, weiß ich nicht, ob ich wirklich so weise bin.

Nick

Dr. Carla Lindholm: Hallo! Ich heiße Carla Lindholm und erforsche die Steinzeit. Viele denken, es gibt massig Überreste von unseren Vorfahren. Pustekuchen. Alle Fundstücke passen zusammen in einen Lieferwagen. Knochen von Mammuts hat man häufiger gefunden. In Sibirien, aber auch vor unserer Haustür.

Carla

Die fantastischen Bilder in der Lascaux-Höhle in Frankreich gibt es nur als Nachbildung zu bestaunen.

Steinzeitfloß, Leinen los!

Sicher, dass die da keine Steine haben?

Ich seh' nur Sand und Wasser.

Und wenn doch?

... werden wir steinreich!

Europa

tiefstes Afrika

Im Steinzeitmuseum

Und dafür habe ich ein Bärenfell Eintritt bezahlt?

Steinzeitleute –
was wissen wir heute?

Können diese beiden Geschichten wahr sein? Was stimmt?

Nach Europa mit dem Steinzeitfloß?

Eines stimmt ganz sicher: Die Menschen kommen aus Afrika. „Homo ergaster" verließ den Kontinent als erster. Er lief auf zwei Beinen, stellte Steinwerkzeuge her und konnte vielleicht ein Floß bauen. Steine hat er sicher nicht mitgenommen.

Wahrscheinlich umging er das Mittelmeer zu Fuß, wanderte durch die heutigen Staaten Ägypten und Israel bis nach Asien. Das Ganze darf man sich aber nicht wie einen strammen Volkslauf vorstellen. Es dauerte Hunderte von Generationen lang: Mal ging's bis zur nächsten Flussbiegung, dann bummelte man einer Tierherde hinterher. Immer auf der Suche nach Essen und besseren Lebensbedingungen.

Potus packt aus

Der Homo heidelbergensis erhielt seinen Namen, weil sein Unterkiefer in der Nähe von Heidelberg ausgegraben wurde. Den Homo rudolfensis hat aber nicht etwa ein Rudolf entdeckt. Seine Knochen fand man in Kenia – am Rudolfsee, dem heutigen Turkanasee.

7

Steinzeitkunst in der Höhle?

Stimmt so nicht! Die ersten Kunstwerke der Menschheit anschauen für den Eintrittspreis eines Bärenfells – das ist frei erfunden. Wahr ist aber, dass der Homo sapiens mit seinen einfachen Steinwerkzeugen kunstvolle Figuren schuf: die Venus von Willendorf, Pferdchen und kleine Mammuts. Ob die Venus aus religiösen Gründen entstand? Ob Kinder mit den Mammuts spielten? Oder wollten die Frühmenschen einfach schöne Dinge schaffen – also Kunst? Das bleibt wohl ein Geheimnis.

1 Die Venus von Willendorf ist aus Kalkstein.

2 Ein Pferdchen aus gebranntem Lehm.

3 Dieses Mammut aus der Vogelherdhöhle gilt als das älteste Kunstwerk der Menschheitsgeschichte. Es ist aus Mammutelfenbein.

Potus packt aus

Abschlagtechnik - die gibt es nicht nur beim Fußball. So nennen Forscher die Stein-auf-Stein-Technik, mit der die ersten Werkzeuge hergestellt wurden. Im Laufe vieler Jahrtausende wurden aus groben Faustkeilen wie diesem superscharfe Speerspitzen.

Hier wird ein Steinzeitfilm gedreht. Blöd! Der Ausstatter hat nicht aufgepasst. Finde heraus, was nicht in die Steinzeit gehört.

Stammt der Mensch vom Affen ab?
Nick befragt Dr. Carla Lindholm

Nick: Guten Tag, Frau Doktor Lindholm! Wie haben sich die ersten Menschen wohl begrüßt?

Carla: Das wüsste ich auch gerne! Als die Menschenaffen in Afrika vor rund sieben Millionen Jahren von den Bäumen stiegen und von da an auf zwei Beinen gingen, gaben sie vermutlich nur Laute von sich.

Nick: Wie „Arg arg!" und „Öff öff?".

Carla: Ja, so ähnlich vielleicht.

Nick: Klingt ja echt affig. Stammen wir denn tatsächlich von den Affen ab?

Carla: Nicht von den Affen, die heute leben. Aber von affenähnlichen Vorfahren, die in Afrika gelebt haben. Übrigens kannst du mich Carla nennen. Frau Doktor – klingt ja wie aus der Steinzeit.

Nick: Mach ich glatt, Carla. Wann haben die Steinzeitmenschen denn zum ersten Mal miteinander geredet?

Hallo, Bruder? Der Orang-Utan ist ein Menschenaffe.

Carla: Das haben die Forscher noch nicht herausgefunden. Nur eines wissen wir: Im Laufe der Zeit hat sich der Mensch natürlich weiterentwickelt. Das Gehirn wurde größer und der Kehlkopf auch. Dadurch bekamen die Stimmbänder mehr Platz. Erst so ist Sprache möglich.

Nick: Steinzeitdeutsch würde ich gern mal lernen.

Carla: Kurse gibt's an der Volkshochschule. Quatsch! Natürlich nicht.

Nick: Hätte ich dir auch nicht abgenommen. Was anderes: Wir wissen ja so einiges über die ersten Zweibeiner. Lässt sich die Geschichte der Steinzeitmenschen denn lückenlos erzählen?

Carla: Leider nicht. Wenn wir die Vorläufer der Menschen – die nennt man Vormenschen oder Hominiden – und die Menschenaffen dazurechnen, dann gibt es heute gerade mal etwa 3.000 Funde. Von einigen Menschenarten fand man nur wenige Fossilien und schloss daraus auf das Aussehen. Bei jedem neuen Fund gibt es neue Erkenntnisse. Und die widersprechen sich manchmal. Wissenschaftler streiten gern.

Wer ist Lucy?

Fossilien sind versteinerte Überreste von Tieren oder Menschen. Ob Potus eines Tages auch einen schönen Spitznamen bekommt – wie „Lucy", ein affenähnlicher Frühmensch? Oder der „Nussknacker" – ein Vormensch mit gewaltigem Kiefer. Oder der „Turkanaboy", ein gut erhaltener Homo ergaster.

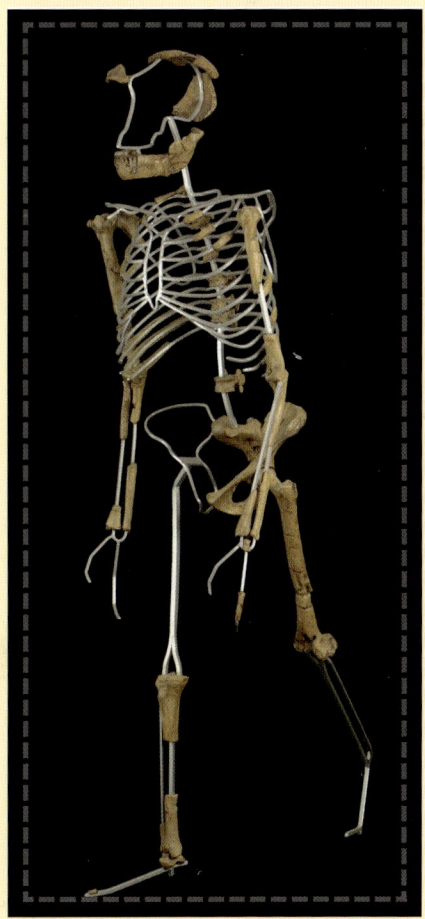

Lucy, ein Australopithecus afarensis, im Senckenberg Naturmuseum.

Mein Vorfahre war der Archäopteryx!

Nick: Und wie soll man sich die ganzen Forschungsergebnisse merken?

Carla: Fangen wir noch mal mit den Menschenaffen an. Irgendwann blieb der Regen aus, die Bäume starben und die Affen konnten sich nicht mehr durch die Äste schwingen. Einige fingen an, auf zwei Beinen zu laufen. Irgendwann durchstreifte der erste Mensch – auf Lateinisch „homo" – die Savanne. Nicht allein, sondern in Gruppen. Der Homo rudolfensis erfand die ersten Steinwerkzeuge.

Nick: Okay, den „Rudi" merke ich mir. Wann war das denn?

Carla: Vor ungefähr 2,5 Millionen Jahren. 600.000 Jahre später verließ „Homo ergaster" als erste Menschenart den afrikanischen Kontinent!

Nick: Und die „Gastis" wanderten nach Europa?

Carla: Sie und ihre Nachfahren. Mit ihren langen Beinen waren sie perfekte Langstreckenläufer. In Europa entwickelte sich dann Homo heidelbergensis. „Heidi" konnte schon Feuer machen, vor 600.000 Jahren. Und vom Neandertaler hast du sicher schon gehört. „Andi" kam gut mit der Kälte in Europa klar, starb aber dennoch aus – vor etwa 30.000 Jahren.

Nick: Also, ich fasse zusammen: Rudi war der erste, die „Gastis" verließen Afrika, Heidi konnte Feuer machen – und dann kam Andi. Und dann wir: Homo sapiens. Alles klar!

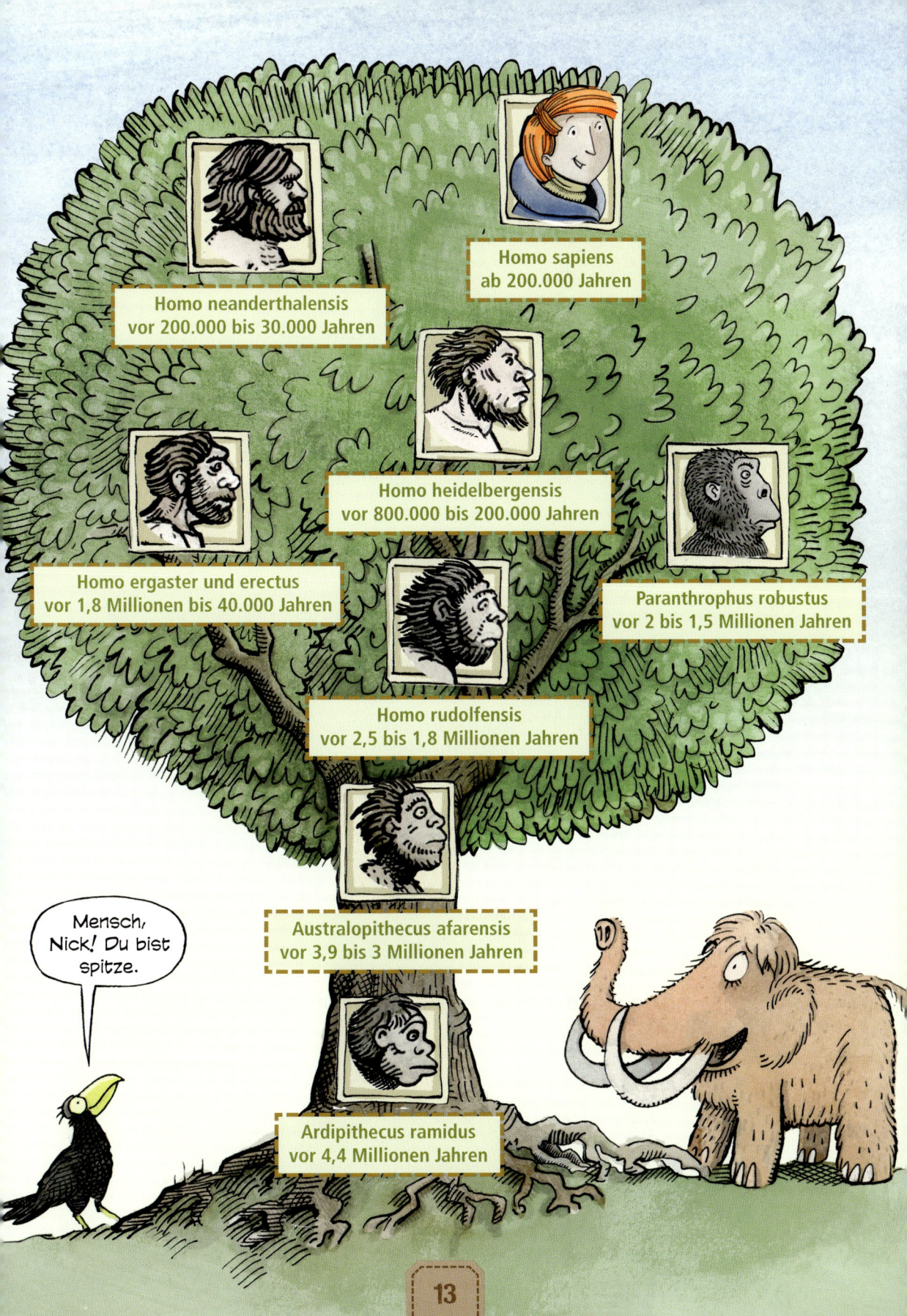

Post aus der Steinzeit

Stell dir vor, die Steinzeitmenschen hätten Briefe schreiben können.
Carla und Nick würden sicher gern darin schmökern.

An Familie Zweistein
Nashornkuhle 11

Hallo Mama, hallo Papa,

Oma und Opa sind zu ~~der~~ doof
oder zu alt zum Jagen. Musste wieder
~~Bären~~ Beeren sammeln. Friere Stein und Bein
in der Grashütte. Oma näht Fellvorhänge.
Opa hat erst mal den Eingang mit Stoßzähnen
verziert. Sieht voll peinlich aus.

Euer Rotzlöffelchen Uyli

PS: ~~F~~Vetter Dumpfbacke ist auch
da und gibt mit seinem kack-
braunen ~~Beeren~~ Bärenfell an.

Meine
Zoß-Stäne
kriegt keiner!

An Uyli Zweistein,
zurzeit in Graupel am See

Mein Rotzlöffel,

du hast echt was verpasst. Die Männer
haben heute ein Mammut gejagt. Hmm ... ich
denke, Steinpilze würden gut dazu passen.
Würde das Vieh lieber im Trockenen zerlegen,
aber der Riesen-Oschi ist schwer. Dein Vater
sagt, mit Rädern ginge es leichter nach Hause
und er will mal eins erfinden. Also Opa
schmückt die Hütte? Ich wohne lieber vor unserer Höhle. Da kann man die Abfälle einfach
reinschmeißen.

Es laust dich herzlich Deine Mama

PS: Du musst nicht frieren! Sei ein Zweistein
und nimm deinem Vetter das Bärenfell weg.

PPS: Deine kleine Schwester hat auch
was geschrieben.

Brüderchen,

hier ist es auch saukalt. Die Felle sind steinhart und ICH muss sie zusammennähen, mit Tiersehnen und Pflanzenfasern. Wenn ich nur EINMAL nach draußen gehe, heißt es gleich: „Eyla, du wolltest noch das Körbchen aus Purpurweide machen. Eyla, sammle noch Pilze und Vogeleier. Eyla, mach DIES, Eyla, mach DAS!" Vor Wut habe ich zu viele Birkenblätter gekaut und muss ständig – ach, egal. Komm heil wieder und vertrag dich mit Dumpfbacke. Er kann prima Feuer machen.

Hab dich zum Fressen gern,
Eyla

Lieber Junge,

heute Morgen habe ich das Rad erfunden. Leider ist es mir in den See gerollt. Gerade baue ich eine perfekte Stoßlanze – mit einer Spitze aus Feuerstein. Damit können wir Mammuts erlegen. Weiß noch nicht, wie ich die Klinge ans Holz kriege. Vielleicht erfinde ich Klebstoff aus Birkenpech und werde steinreich.

Leg dir ein dickes Fell zu,
Papa

Mich triffst du nicht mit deiner Loß-Stanze! Außerdem sind Mammuts viel stärker!

Liebe Familie,

morgen mache ich mich auf den Weg zu euch. Lasst was vom Mammut über! Dumpfbacke hab ich eins aufs Maul gegeben. Aber das ~~Fäll~~ Fell rückt er nicht raus.

Bis bald, euer Uyli

PS: Opa sagt, wir sterben alle aus.

Potus packt aus

Opa hatte leider recht. Alle Frühmenschen starben aus – bis auf den Homo sapiens. Auch der „weise Mensch" kam aus Afrika. Alle Menschen stammen von ihm ab. Er überquerte sogar die Ozeane und erreichte Australien und Amerika.

Ein Auerochs zum Abendbrot
Nick befragt Dr. Carla Lindholm

Nick: Okay, schreiben konnten die Frühmenschen natürlich noch nicht. Meinst du, bei denen ging es ähnlich zu wie bei Familie Zweistein?

Carla: Na ja. Wäre unser kleiner Briefwechsel wahr, wäre Uyli wohl ein Nachfahre der afrikanischen Auswanderer und hätte vor etwa 400.000 Jahren gelebt. Sein Gehirn war schon recht leistungsfähig. Liegt vielleicht mit daran, dass die Zweibeiner im Laufe der Zeit immer mehr eiweißreiche Kost verzehrten. Essen sorgt schließlich dafür, dass man groß und schlau wird.

Nick: Eiweiß ist in Fleisch und Fisch, oder?

Carla: Genau. Steinzeitmenschen waren Jäger und folgten Tierherden, zum Beispiel Auerochsen. In Schöningen in Niedersachsen entdeckte man die Überreste einer großen Jagd, dort hatten Steinzeitmenschen Wildpferde mit Holzspeeren erlegt.

Nick: Was ist mit den Nashörnern? Liefen die wirklich hier rum?

Carla: Und nicht zu knapp. Wollnashörner lebten im Flachland. Sie hatten zwei Hörner, das größere war bis zu 90 Zentimeter lang. Ihre Knochen fand man in Höhlen. Einige Knochen waren aufgebrochen. Die Frühmenschen haben also das Mark herausgeholt.

Nick: Haben sie nur mit Holzspeeren gejagt?

Für Fleischesser!

Wer einen Braten will, muss jagen! Hier sind einige nützliche Waffen ...

Carla: Auch mit Stoßlanzen. Später mit Speerschleudern, mit denen sie aus sicherer Entfernung zielen konnten. Sie bauten auch Fallen oder hetzten die Tiere durch enge Schluchten, was die Jagd einfacher machte.

Nick: Stimmt es, dass die ersten Menschen nicht sehr alt wurden?

Carla: Fünfzig war damals schon uralt. Es gab viele Gefahren und keine Mittel gegen Krankheiten. Aber Uylis Leute wussten schon so einiges: Kirschharz half gegen Husten und eine bestimmte Baumrinde gegen Verstopfung. Und dass man Kleidung und Haare mit Berberitze färben kann, wussten sie auch.

Nick: Hör ich richtig? Lakritze?

1. Kunst muss sein! Eine Speerschleuder aus der späten Altsteinzeit.
2. Einfach praktisch – diese Speerschleuder.
3. Schon früh gab es Speerspitzen aus Geweih.
4. Eben mal Essen besorgen – mit der Harpune.

Carla: Hättest du wohl gerne! Berberitze ist ein Dornenstrauch. Die roten Früchte kann man essen. Sie enthalten viel Vitamin C. Rinde und Wurzeln wurden früher zum Gelbfärben benutzt.

Nick: Fehlt bloß noch, dass sie sich Tattoos gestochen haben.

Carla: Das nicht. Aber eine Art Körperbemalung kannten die Neandertaler wohl schon. Dazu benutzten sie Brocken aus Schwarzpigment. Soll ich's mal an dir probieren?

Nick: Nein danke. Aber mal ehrlich – bei Zweisteins und anderen Familien muss es tierisch gestunken haben.

Carla: Na ja, ein Bad gab es nicht – unter dem Felsendach oder in den ersten Grashütten und Zelten. Für meine Nase wäre das nichts. Das Essen erhitzten sie übrigens mit Kochsteinen. Vegetarier wie ich hatten damals keine Chance. Die haben ja fast nur Fleisch gegessen, das sie mit scharfen Steinen vom Knochen schabten. Das beweisen viele Ritzspuren. Sogar an Mammutknochen.

Früher lebten Mammuts
im alten Wald.
Heute gibt es dort
ein Mammutmuseum.

Das Geheimnis
im Mammutwald

Zusammen streifen wir durch den alten Wald, mein
großer Freund und ich. Er will einen Schatz finden und
ich soll mitsuchen. Immer dichter stehen die Bäume. Da gibt mein
Freund mir einen Steinzeitnamen: Koah. Ich soll ihn Ugur nennen. Als
es dunkel wird, haben wir uns verlaufen. „Macht nichts", sagt Ugur.
Er ist schon 15.

Zwei Stunden später löffeln wir Tütensuppe am Lagerfeuer. Hinter uns
ragt ein Schrägdach in die Sternennacht. Ein Gebilde aus schmalen
Ästen, in die Ugur viele Zweige, Schilf und Baumrinde geflochten hat.
Ich habe Moos draufgelegt. Ganz wie in der Steinzeit!

Ugur erzählt, was er über Mammuts weiß. In der Steinzeit haben
sie den alten Wald besiedelt. Sie und die heutigen Elefanten hatten
gemeinsame Vorfahren, vor sechs Millionen Jahren.

Potus packt aus

Einen wie Ugur gibt es wirklich. Er heißt
Bernard von Bredow und leitet heute das
Mammutheum im bayerischen
Scharam/Alzing. Mit 16
entdeckte er sein erstes
Mammut. Heute ist er
Eiszeitexperte und berät
berühmte Filmregisseure.

„Weil es in Europa wegen der Eiszeit so kalt war", sagt Ugur, „bekamen die Mammuts im Laufe der Jahrtausende ein dichtes Fell. Und kleinere Ohren, weil man da so leicht friert."

Am nächsten Tag schraubt Ugur ein Metallgerät zusammen. Einen Detektor. Damit hat er schon Fossilien gefunden. Am Mittag schlägt der Detektor aus.

„Gold?", frage ich. Ugur schüttelt den Kopf. „Gib mir mal den Suppenlöffel", sagt er. Er gräbt damit im Waldboden, bis er auf etwas Festes stößt. „Eine Mammutrippe", ruft er stolz. Cool! Ich stelle mir vor, wie zottelige Mammuts im alten Wald herumstolzieren. Ob die trompeten konnten? Keine Ahnung! „Wir suchen weiter", sagt Ugur und strahlt über das ganze Gesicht.

Das ist Dima, ein vollständig erhaltenes Mammutkalb.

Potus packt aus

Graben macht hungrig. „Salat", schlägt Ugur vor. „Sauerampfer, Löwenzahnblätter und Gänseblümchen. Und geröstete Bucheckern. Wie die Neandertaler." – „Echt?", frage ich. „Ich denke, die haben Fleisch gegessen. Mammuts!" Ugur grinst und zeigt auf einen kleinen Stapel Knochen. „Wir wollen doch das Zotteltier nicht kränken. Wenn du Fleisch willst, empfehle ich Regenwürmer. Viel Eiweiß." Ich habe keinen Hunger mehr. Auf dem Heimweg verspreche ich, nichts über den Fund zu verraten.

Zehn Jahre lang. „Wann sagst du es ihnen endlich?", frage ich Ugur. „Wenn ich Wissenschaftler bin", antwortet er und berührt eine Mammutrippe, die wir gerade gesäubert haben. „Vorher glaubt mir doch keiner."

Ugur bereist die Welt. Als er zurückkommt, hat er einen Uni-Abschluss in der Tasche. Und redet endlich mit der Zeitung. „Mammutfund im alten Wald!" steht auf der Titelseite. Sein Plan ist aufgegangen. Dem Jungen hätte man das vielleicht nicht abgekauft. Dem Wissenschaftler schon.

Gerade bekomme ich eine SMS aus Sibirien. „Vollständiges Mammut", schreibt Ugur. „Geborgen mit neuester Technik. Das war bestimmt nicht das letzte."

Die Urzeitriesen sind los
Nick befragt Dr. Carla Lindholm

Nick: Diese Mammuts, die waren doch riesig, oder?

Carla: Nö. Sie waren zwar größer als ein indischer, aber kleiner als ein afrikanischer Elefant. Das weiß man, weil man so viele von ihnen gefunden hat. Die sibirische Kühltruhe, also der gefrorene Boden, hat dafür gesorgt, dass die Tiere geradezu mumifiziert wurden.

Nick: Wie Ötzi! Stimmt es eigentlich, dass die Tiere ein rotbraunes Fell hatten?

Carla: Für die Farbe hat der Frost gesorgt. Vermutlich war es dunkelbraun. Mammuthaare konnten bis zu 90 Zentimeter lang werden. Die Unterwolle war kürzer.

Nick: Ach ja, Wolle: Der Kleine da hat schon lange was auf dem Herzen.

Gab es denn auch Merg-Zwammuts?

Carla: Bestimmt meinst du Zwergmammuts, Wolle. Klar, sonst wärst du ja nicht da. Die stammen von bestimmten Inseln vor Kalifornien oder vor Sibirien. Wir sprechen von Verzwergung, besonders bei den Elefanten. Kommst du drauf, warum das so ist, Nick?

Nick: Weil auf einer Insel das Futter begrenzt ist. Die ersten Säugetiere waren ja überhaupt richtig klein, oder? Im Vergleich zu den Dinos.

Mammuthaare

Glyptodon

Mammuts im Museum

Tiere der Eiszeit bei einer Ausstellung in Brasilien

Nanu, wo ist das Fell geblieben?

Mammutzahn

Mammuthaut

Ein Mammutskelett im Naturkundemuseum in Siegsdorf

Carla: Hepp – jetzt springen wir mal über 200 Millionen Jahre zurück. Genau, kleine Säuger wuselten schon den Dinos zwischen den Beinen herum. So klein wie Spitzmäuse. Als die Dinos ausstarben, wurden die Säugetiere zu den Chefs der Tierwelt.

Nick: Und riesengroß – XXL! Gab es nicht Riesenfaultiere, die sechs Meter groß wurden?

Carla: Ja! Und Rüsseltiere mit Schaufelzähnen. Auf dem australischen Kontinent sogar Riesenbeuteltiere. Ein total verrückter Riesenzirkus.

Nick: Bis der Mensch zum Zirkusdirektor wurde?

Carla: Na ja, die meiste Zeit kam die Vorstellung bestens ohne ihn aus. Er ist das letzte Glied in einer Kette, die mit Spitzmäusen begann.

Nick: Hallo? Was haben wir denn mit kleinen Spitzmäusen zu tun?

Toxodon

Glyptodon

Riesenfaultier

Carla: Einiges. Wir sind Warmblüter, unser Kiefer ist ähnlich. Warmblüter zu sein, bedeutet, dass die Körpertemperatur immer gleich bleibt – auch bei Kälte. Aber das Wichtigste: Wir wachsen im Bauch unserer Mutter heran. Dadurch haben wir einen Entwicklungsvorsprung. Wir kommen sozusagen fertig auf die Welt.

Nick: Diesen ganzen Urzeit-Oschis sind die Mammuts wohl nicht begegnet. Welche Tiere gab es zu ihrer Zeit?

Carla: Bis die letzten Mammuts vor gut 6.000 Jahren ausstarben, trabten ihre Herden über vier Millionen Jahre über die Steppen. Zu ihrer Zeit gab es Wisente und Moschusochsen, Riesenhirsche und Rentiere, Höhlenbären, Säbelzahntiger und die Tiere, die du unten siehst.

Nick: Dann bin ich ja beruhigt. Mammut und Säbelzahntiger stehen nämlich auf meinem Regal nebeneinander.

Megaloceros

Platybelodon

Flores ist eine kleine Vulkaninsel. Klein sind auch die Urmenschen, die dort gelebt haben.

Die Hobbits
von Flores

Flores, Indonesien   5. September 2003

Bald bricht unser Forschungsteam auf. Schon morgens ist die Hitze im Zelt kaum zu ertragen. Nur die Geräusche des Urwalds dringen herein. Insekten sirren, Reptilien zischen, Affen schreien. Ein Komodowaran bewegt sich raschelnd durch das Unterholz. Die Riesenechsen sind überall – und das bisher Spannendste auf dieser Insel. Ansonsten: gähnende Langeweile. Keine Menschenknochen. Nur Werkzeuge, Klingen und ab und zu die abgenagte Rippe eines toten Tieres. Nicht jede Ausgrabung kann erfolgreich sein. Trotzdem schade.

Flores, Indonesien   7. September 2003

In der Höhle ist es kühl. Die mächtigen Stalaktiten und die hohe Decke verleihen ihr etwas Magisches. Auch hier keine Überreste von Urmenschen. Dabei hat alles so gut angefangen. Hier, in der Soa-Tiefebene im Westen der Insel, fand man Werkzeuge, Tierknochen und Spuren von Feuer – lauter Hinweise auf menschliches Leben. „Ihr sucht Gespenster", lacht unser indonesischer Koch und zeigt auf den Dampf, der aus dem Kessel wabert.

Potus packt aus

Die Hobbits aus „Der Herr der Ringe" sind reine Fantasie. Als besonders kleine Skelette auf einer indonesischen Insel gefunden wurden, hatten die Urmenschen ihren Spitznamen weg.

Flores, Indonesien   8. September 2003

Morgen werden wir die Zelte abbauen. Die Enttäuschung im Team ist groß. Sechs Meter tief haben wir in der Höhle gegraben. Alles für die Katz – oder? Wenn das eben ein Jubelruf war, dann haben sie doch noch was gefunden.

EIN MENSCHLICHER SCHÄDEL! Beim letzten Spatenstich! Und überraschend gut erhalten! Ein australischer Ausgrabungshelfer hat den entscheidenden Fund gemacht. Es sieht so aus, als würden wir noch ein paar Tage in der grünen Hölle verbringen.

Flores, Indonesien   10. September 2003

Volltreffer! Die Stelle ist eine wahre Goldgrube – ein Unterkiefer, ein Becken und ein dazugehöriger Beinknochen. Gestern konnten wir die Funde erstmals vorsichtig auswerten: eindeutig die Knochen eines Menschen. Zuerst nahmen wir an, wir hätten ein Kinderskelett gefunden. Aber jetzt kommt das Unglaubliche: Dieser Mensch war ein Erwachsener und sehr, sehr klein. Höchstens einen Meter groß. Hat vor mindestens 13.000 Jahren auf Flores gelebt. Nirgendwo sonst auf der Welt hat man so kleine Menschen gefunden. Wir haben eine neue Art entdeckt, den Homo floresiensis. Zwergvorfahren unserer Art. Oder muss ich anfangen, an die Hobbits aus „Herr der Ringe" zu glauben?

Potus packt aus

2003 entdeckten Archäologen das Skelett einer winzigen Frau, die circa 30 Jahre alt war und zu Lebzeiten höchstens 25 Kilo wog. Homo floresiensis lebte etwa 80.000 Jahre auf Flores, stellte Werkzeuge her und erlegte größere Tiere. Möglicherweise sind auch die Hobbits von Flores ein Beweis für die Verzwergung bestimmter Arten, die lange isoliert auf einer Insel leben. Da die Forscher die Knochen auch im Flugzeug nicht aus den Augen lassen wollten, transportierten sie das Skelett auf dem Schoß.

Ob dem Sitznachbarn das Essen wohl geschmeckt hat?

Wo ist denn bitte die Tord-Boilette?

Malerei und Flötentöne

Die Steinzeitmenschen waren große Künstler. Ihre Höhlenmalereien kennen Nick und Caro aus dem Kunstunterricht. Caro hat sogar schon mal eine Höhle besucht. Eines Nachts hat Nick einen seltsamen Traum.

Ein Felsenpferd wird geboren

Ich stehe in einer Höhle und bewundere eine Felszeichnung. Meine Fackel lodert, die Flamme bringt die Figuren zum Tanzen. Plötzlich ist es wie im Kino. Stiere, Bären, Mammuts – alle bewegen sich. Dann löst sich ein struppiges Pferd aus dem Felsen, wird plötzlich 3-D und kommt direkt auf mich zu. Es ist klein wie ein Pony. Als ich mich auf seinen Rücken schwinge, merke ich, dass ich Kleider aus gegerbtem Leder anhabe. Und dass das Pferd Flügel hat. Ich nenne es Felsenpferd. Wir fliegen ...

Das Mädchen mit der Schwanenflöte

Nach einiger Zeit landen wir. Was ist das? Leise Musik lockt mich in eine Höhle. Dort steht ein Mädchen in meinem Alter. Es spielt eine schmale Flöte. Das ist Caro! Sie setzt die Flöte ab. „Aus einem Schwanenknochen", sagt sie stolz. „Willst du mal spielen?" Die Schwanenflöte hat fünf Löcher, vier oben, eines unten. Ich blase hinein und heraus kommt eine wunderschöne Melodie. Komisch, ich kann doch gar nicht Flöte spielen!

Potus packt aus

Flöten aus Mammutelfenbein und Schwanenknochen fanden Forscher in Schwaben – sie sind ungefähr 35.000 Jahre alt. Anscheinend mochten die Eiszeitmenschen Musik. 1997 staunte die amerikanische Zeitschrift „Discover" sogar über eine „Neandertaltuba" aus einem drei Meter langen Stoßzahn mit 16 Löchern. Angeblich.
Denn das Ganze war eine Fälschung!

Felswände im Farbenstaub

Caro kommt mit. Der nächste Flug führt über eine karge Steppe. Sind das da unten etwa Hütten aus …? Felsenpferd fliegt tiefer. Caro zeigt auf die runden Behausungen. Sie sind aus Mammutknochen gebaut und mit Fellen bedeckt. Es wird uns zu kalt und wir fliegen in den warmen Süden. Die Höhle, die wir jetzt besuchen, ist riesig wie eine Kathedrale. Mehrere Höhlenmaler geben sich gerade richtig Mühe mit einer Jagdszene. Pferde, Hirsche, Urrinder – rot, gelb und schwarz. Um den Hintergrund noch naturgetreuer zu gestalten, blasen sie farbigen Staub auf die Wände. Tolle Technik!

Der Löwenmensch kommt mit

Ich habe die Orientierung verloren – denke aber, wir sind wieder in Deutschland. Caro meint, der Fluss da unten könnte die Donau sein. Die nächste Höhle ist enttäuschend. Nicht mal Knochen. Felsenpferd wiehert und deutet mit dem Kopf in eine Ecke. Ich schaue nach und finde eine kleine Figur – eine Statue, halb Mensch, halb Löwe. Sie ist aus Elfenbein und wunderschön. Ich will sie einstecken, als Caro den Kopf schüttelt, so heftig, dass die ganze Höhle wackelt und mein ganzer Kopf und …

„Aufstehen!", sagt Mama. „Du kommst noch zu spät zur Schule." Ich reibe mir die Augen, da merke ich, dass ich den Löwenmann doch in der Hand habe. „Hast du den Wecker nicht gehört?", ruft Mama aus der Küche. „Es war so laut in meinem Traum", antworte ich. „Du hast eindeutig zu

viel Fantasie", lacht sie. „Und jetzt beeil dich." Ich betrachte das seltsame Wesen und stecke es in meine Schultasche. Ich werde es Caro zeigen und sie fragen, ob sie im Traum auch in der Steinzeit war.

Der Löwenmensch aus Mammutelfenbein wurde vor 32.000 Jahren geschnitzt.

Was macht der Knochenspion im Neandertal?

Potus packt aus

Johann Carl Fuhlrott bekam schließlich recht: Er hatte mit dem Neandertaler einen Frühmenschen entdeckt. Professor Virchow blieb stur. Auch die Evolutionstheorie von Charles Darwin zweifelte er an. Die war im 19. Jahrhundert ganz neu und stellte das Weltbild auf den Kopf. Alle Arten von Lebewesen haben eine Entwicklung durchlaufen. Nur wer sich der Umwelt, die sich verändert, am besten anpasst, überlebt. So wie der Rabe!

Wie lebten die Neandertaler?
Nick befragt Dr. Carla Lindholm

Nick: Schade, dass der Neandertaler nicht überlebt hat. Wie er auf dem Bild da sitzt – wie mein Biolehrer. Der hatte 'ne Menge drauf: Wisente jagen, Kleidung machen, Klebstoff erfinden, Hütten aus Mammutknochen bauen.

Carla: Neandertaler waren die Überlebenskünstler der Kaltzeit. Stell dir vor, dein ganzes Leben lang ist es im Winter minus 27 Grad.

Nick: Cool! Snowboarden am Felshang!

Carla: ... aber im Sommer nur fünf Grad! So waren die Temperaturen um 60.000 vor Christus.

Nick: Wenn man die so ansieht – das waren ja echte Muskelpakete.

Carla: Dabei klein und stämmig. Mit Riesennasen. Meine Kollegen fanden heraus, dass viele schon im Alter von 30 Jahren schlimme Knochenbrüche überstanden hatten. Als hätten sie sich wie Rodeoreiter auf Hirsche und Auerochsen geworfen.

Nick: Cool! Kraft hatten die. Und Verstand! Ihr Gehirn war größer als das ihrer Nachfolger, oder?

Carla: Ja. Die waren genauso clever wie der moderne Mensch – der Homo sapiens.

Knochenahle zum
Löcherstechen

Faustkeile

Ich glaube, er fragt, was mit seiner Nase passiert ist.

Nick: Sind sich die beiden eigentlich begegnet?

Carla: Vor ungefähr 40.000 Jahren. Die Neandertaler haben die Neuen sicher ganz schön beäugt. Die stammten ja aus Afrika. Da waren Haut, Haare und Augen sicher dunkler.

Nick: Haben die sich Kämpfe geliefert? Mit Steinen und Speeren?

Carla: Die werden sich aus dem Weg gegangen sein – Platz gab es ja genug. Einige Forscher glauben, dass die Einwanderer Krankheiten eingeschleppt haben, die unsere tapferen Überlebenskünstler ins Grab brachten.

Nick: Und haben sie – ich will sagen, na …

Carla: Was denn, Nick?

Nick: Du weißt schon, was ich meine! Haben sie zusammen Kinder gekriegt?

Carla: Bestimmt. Inzwischen haben Wissenschaftler sogar festgestellt, dass ein bisschen Erbgut vom Neandertaler im modernen Menschen steckt. Bis zu vier Prozent.

Nick: Und woher weiß man das?

Carla: Dein Biologielehrer könnte das sicher auch erklären. Grob gesagt – das Genom, also das Erbgut aus geeigneten Neandertaler-knochen, wurde mit dem von fünf heutigen Menschen verglichen. Die Knochen stammen aus Kroatien.

Nick: Da waren wir im Urlaub! Also waren die Neandertaler nicht nur im Neandertal?

Carla: Nein, in ganz Europa. Auf der Insel Gibraltar fand man ihre letzten Spuren. Warum sie ausstarben, darüber sind wir uns nicht einig. Oft wurde die Geschichte der Menschen von Klimaveränderungen beeinflusst. Vielleicht haben sie eine besonders kalte Periode nicht überlebt.

Nick: Und Homo sapiens kam besser damit klar?

Carla: Muss wohl so sein. Denn sonst gäb's dich und mich ja nicht.

Potus packt aus

Neandertaler entwickelten sich vor etwa 200.000 Jahren in Europa. Man fand ihre Überreste bisher an mehr als 80 Orten – auch in Kurdistan, Portugal und Israel. Vor gut 30.000 Jahren verlieren sich ihre Spuren.

In der Jungsteinzeit gab es
die ersten Werkzeuge aus Metall.
Doch einige hielten Stein für
das bessere Material. Und so
gab es manchmal Streit.

Die Verschwörung in der Eiswüste

Bis eben haben sich die beiden nur angeschrien. Aber plötzlich hat der bullige Mann eine Klinge aus Feuerstein in der Hand. Der kleinere will den Schlag abwehren. Autsch! Ein böser Ratscher. Der Angreifer holt wieder aus, dann stellen sich einige Männer zwischen die Streithähne. Schluss jetzt! Die beiden liegen sich nicht zum ersten Mal in den Haaren.

Der eine ist mein Onkel, der Kupferschmied des Dorfes. Der andere der Steinmetz. Er beschuldigt meinen Onkel, ein schlechtes Beil gefertigt zu haben – mit krummer Schneide und brüchigem Stiel. Unsinn! Niemand kann Metall so gut schmieden wie mein Onkel. Der Steinmetz ist nur neidisch. Einer, der sich gegen den Fortschritt wehrt. Dabei weiß doch jedes Kind, dass Kupfer besser ist als Stein.

Die Menge zerstreut sich. Die Hirten gehen zu ihren Tieren, die Bauern auf ihre Äcker, ein paar Männer machen sich auf die Jagd. Die jüngeren Frauen flicken zerrissene Kleidung. Die älteren sammeln Früchte, Nüsse und Pflanzen und kochen auf offenen Feuern.

Potus packt aus

Wälder, Sümpfe und wenige Siedlungen – vor 5.000 Jahren lebten in einem Dorf nur etwa 30 bis 60 Menschen. Sie waren Bauern und züchteten Vieh.

Ob mein Onkel wohl in seine Schmiede zurückgekehrt ist? Ich mag diesen Ort und habe schon kleine Werkzeuge gefertigt – unglaublich, wie gut sich Kupfer formen lässt! Nein, die Werkstatt ist leer. Meine Tante hat gesehen, wie er Köcher und Bogen geschultert hat. Aber warum liegen die Pfeile dann noch in der Hütte? War er in Eile?

Ich will gerade gehen, als ich eine Männerstimme höre. Der Steinmetz! Er spricht mit einem Fremden. „Es wird wie ein Unfall aussehen", sagt dieser. „Gut", erwidert der Steinmetz. „Wenn du dich beeilst, wirst du ihn am Pass erwischen." Etwa meinen Onkel? Ich muss ihn warnen! Bevor mich die Verschwörer entdecken, renne ich los.

Potus packt aus

Kupfer ist ein Metall, das sich schmelzen und gießen lässt. Kupferbeile verwendeten die Menschen zum Fällen von Bäumen – und als Waffen.

Bald geht es steil hinauf. Für die schneebedeckten Berggipfel über dem Ötztal habe ich keinen Blick übrig. Hier oben ist es höllisch kalt und die dünne Luft macht mir das Atmen schwer. Moment mal! Sind das Holzsplitter? Als ob jemand versucht hätte, etwas zu schnitzen. Pfeile!

Ich hetze weiter, immer weiter, bis sich irgendwann die Bäume lichten. Am Fuß einer Buche entdecke ich einen schwarzen Fleck. Birkenpech! Eine Art Klebstoff, den mein Onkel immer dabeihat. Es ist noch feucht – mein Onkel muss ganz in der Nähe sein.

Dann sehe ich ihn. Und auch den Fremden, der seinen Bogen spannt. Ich schreie, so laut ich kann. Mein Onkel dreht sich um und duckt sich weg. Der Pfeil surrt an ihm vorbei und landet im Schnee. Da flieht der Bogenschütze den Hang hinunter. Mein Onkel steht auf und kommt auf mich zu. „Ich verdanke dir mein Leben!", sagt er und nimmt mich in den Arm.

Der Mann aus dem Eis

Ein anderer Ötztaler hatte nicht so viel Glück. Der „Ötzi" starb vor etwa 5.300 Jahren. Ein deutsches Ehepaar entdeckte 1991 seine Eismumie am Tisenjoch in über 3.000 Meter Höhe. Beide hatten keine Ahnung, dass sie auf ein uraltes Verbrechen gestoßen waren.

Ötzis Mumienhand

So könnte Ötzi ausgesehen haben.

Was wir über Ötzi wissen
Nick befragt Dr. Carla Lindholm

Nick: Ich habe mir Ötzis Eismumie angeschaut – im Bozener Museum. Sie liegt in einer Kühlzelle mit blinkenden Messgeräten.

Carla: Stimmt. Stickstoff soll die Bakterien abhalten, Kameras beobachten die Hautoberfläche. Gegen das Austrocknen wird Ötzi mit Wasser besprüht. Bei seiner Entdeckung dagegen hat er ein bisschen was abgekriegt. Denn aus Versehen wurde ihm wohl der linke Arm gebrochen. Dann brachte man ihn in die Gerichtsmedizin – ohne zu ahnen, wie alt diese Leiche war.

Nick: Ich weiß, dass ein Verbrechen dahintersteckt. Allerdings ist das über 5.000 Jahre her.

Carla: Den wichtigsten Hinweis fand man eher zufällig, als die Mumie 2001 erneut geröntgt wurde. Die Ärzte staunten, als sie in der linken Schulter eine Pfeilspitze entdeckten. Frühere Wissenschaftler hatten die glatt übersehen.

Nick: Auch Forscher können was vermasseln. Wie ist Ötzi gestorben?

Potus packt aus

Ötzi ist der Superstar Südtirols. Auch weltbekannte Filmstars finden die Eismumie cool. Brad Pitt hat sich sogar ein Ötzi-Tattoo auf den Arm stechen lassen.

Die Mumie in
ihrer Kühlzelle

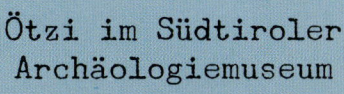

Ötzi im Südtiroler
Archäologiemuseum

Das berühmte Beil
mit Kupferklinge

Ötzis Schuh

Dolch mit Scheide
aus Sumpfgras

Pfeilspitze
mit Birkenpech

Bärenfellmütze

Carla: Vielleicht erging es Ötzi so ähnlich wie dem Kupferschmied. Er war ein angesehener Mann und hat vielleicht geahnt, dass man hinter ihm her war. Wie er wirklich ums Leben kam, wird wohl nie geklärt werden – auch wenn der Mann aus dem Eis noch so oft untersucht wird. Es sei denn, man will Schlüsse daraus ziehen, dass er blaue statt braune Augen hatte.

Nick: Außerdem ist der Mord ja mittlerweile wohl verjährt. Hat man nicht sogar herausbekommen, was Ötzi vor seinem Tod gegessen hat?

Carla: Fleisch von Hirsch und Steinbock, eine Art Brot und Pflanzenteile in Form von Gemüse und Salat. Kurz vor seinem Ableben hat er sich noch einmal den Bauch vollgeschlagen. Vielleicht hat Ötzi sogar selbst gekocht. Feuer hatte er immerhin dabei.

Nick: Hallo? Wie kann man denn Feuer herumtragen – als Fackel?

Carla: Dann müsste man ständig aufpassen, dass die Flamme nicht ausgeht. Die Menschen der Steinzeit hatten eine bessere Idee. Sie trugen die Glut vom letzten Feuer mit sich herum. Damit konnte man schnell ein neues entfachen! Auch Ötzi hatte ein Gefäß bei sich, in dem er Glut transportieren konnte: In einem Becher aus Birkenholzrinde. Zum Entzünden benutzte er Zunderschwamm, einen Baumpilz.

Nick: Und das hat funktioniert?

Carla: Brennt wie Zunder – das sagt man ja heute noch. Dank Ötzi wissen wir eine ganze Menge über die Menschen, die in der Jungsteinzeit im heutigen Tirol lebten.

Ötzi ist in den Bergen unterwegs. Was hat er wohl dabei? Was auf keinen Fall? Das findest du raus! Die Lösung steht auf Seite 62.

Streber! Wie Homo sapiens sich durchsetzte

Nick, Caro, ich und du – jeder von uns ist ein Homo sapiens. Denn der ist nicht ausgestorben wie der Neandertaler. Warum? Das weiß keiner so richtig.

Jetzt kommt ein Steinzeitsong! Den Rap-Sound dazu kannst du dir selbst ausdenken.

Du sitzt und schwitzt beim Mathetest.
Warum ist das so schwer?
Der Neue kriegt 'ne glatte Eins.
Er kann wohl einfach mehr.

Der Neue kennt sich wirklich aus.
Er ist in allem fit:
in Deutsch, in Mathe und überhaupt.
Da kommst du nicht mehr mit.

Streber! --- Was will der hier?
Streber! --- Das ist mein Revier!
Streber! --- Die Mädchen finden ihn obercool.
Da ist was los, was mach ich bloß?
Das haut mich echt vom Stuhl.

Potus packt aus

Einen Sängerwettstreit haben Neandertaler und Homo sapiens wohl nicht veranstaltet. Vermutlich begegneten sie sich nur sehr selten. Wissenschaftler schätzen, dass in ganz Europa damals nur rund 50.000 Neandertaler lebten!

Unterm großen Felsendach steht der Neandertaler-Mann,
da kommt 'ne krass geniale Gang von Homo sapiens an.
Sie prahlen mit den neuesten Waffen, da kannst du nur blöd gaffen.
Sie zwinkern sich zu, sie machen „Buh!" und alle schreien im Nu:

Streber! --- Was wollen die hier?
Streber! --- Das ist Neandertaler-Revier!
Streber! --- Wir sind hier zu Haus!
Da ist was los, was machen wir bloß?
Sterben wir jetzt etwa aus?

Jetzt ist der Homo sapiens dran
und zeigt, was er erfinden kann.
Vom Tigris stammt das erste Rad.
In Anatolien gab's die erste Stadt.
Aus China kommt der erste Pflug.
Das ist noch lange nicht genug.

Streber? --- Jetzt sind wir hier!
Streber? --- Das ist unser Revier.
Streber? --- Ja, wir können wirklich viel!
Jetzt ist was los, da staunt ihr bloß
und seid raus aus diesem Spiel!

Potus packt aus

Dass die Menschen nach der letzten Eiszeit vor etwa 12.000 Jahren überall entscheidende Dinge erfanden, nennt man auch neolithische Revolution. Fast überall auf der Welt wurden Ackerbau und Viehzucht eingeführt und Stadtsiedlungen gebaut – ohne dass die Menschen Kontakt zueinander hatten.

Ich bin ein Sapiens –
hol mich hier raus!
Ein Test für alle

Du bist in ein Steinzeitcamp geraten und kommst nur raus, wenn du einige Aufgaben löst. Die Lösungen findest du auf Seite 62.

1 Probealarm im Neandertal

Zu welchen Waffen greifen die harten Jungs, wenn es ernst wird oder wenn es auf die Jagd gehen soll?

☐ Keule

☐ Speer

☐ Speerschleuder

2 Feuer machen wie Ötzi

Du hast ein Heubüschel, einen Zunderschwamm, einen eisenhaltigen Stein und
einen Feuersteinkern. Was ist der Trick?

> Wer spickt,
> hat in der Zein-Steit
> nix verloren!

☐ Du benutzt ein Feuerzeug. Geht schneller.

☐ Du schlägst den Stein so lange gegen die Kante
   des Feuersteinkerns, bis Funken sprühen.

☐ Du schmeißt alles weg! Geht doch viel besser
   mit einem spitzen Holzquirl, den du auf einem
   weichen Brett reibst.

3 Fleischlos essen in der Steinzeit

Du bist total aushungert und triffst einen
seltsamen Schamanen. Er lädt dich zum
Essen ein. Auf der Speisekarte findest du „Früchte
des Waldes". Wo kannst du ohne Gefahr zugreifen?

☐ junge Brennnesseln   ☐ Sauerampfer

☐ Brombeeren   ☐ Gänseblümchen

☐ Bucheckern   ☐ Rinde von junger Buche

4 Mammuts im hohen Norden

Anfang April meldet die Zeitung eine Sensation: Am Nordpol
sind tiefgefrorene Mammut-Eier gefunden worden.

☐ Cool! Auftauen und ausbrüten!

☐ Na klar, die hatten ja so ein dickes
   Fell wie Eisbären

☐ April, April – guter Scherz!

> Rein-
> gefallen?

Nick und Carla
sagen Tschüss

Carla: Na, zufrieden mit deinen Ergebnissen?

Nick: Ein paar Tage hätte ich sicher in der Steinzeit überlebt. Aber nur bei Temperaturen, bei denen man im Freien grillen kann. Sag mal, Frau Doktor – wo wird denn als Nächstes geforscht?

Carla: Du weißt ja schon, dass in der Geschichte des Menschen noch riesige Lücken klaffen. Vielleicht hat man ein neues Bindeglied zwischen Affe und Mensch entdeckt. In Südafrika wurden Schädel und Knochen gefunden – sehr gut erhalten.

Nick: Und da willst du mitbuddeln?

Carla: Nicht nur ich. Rund 80 Wissenschaftler sind schon dort. Es gilt, bis zu 600 Höhlen zu erforschen.

Nick: Das kann ja dauern. Vielleicht kann ich ja noch nachkommen, wenn ich allein fliegen darf – oder selber ein richtiger Knochen-Forscher bin.

Carla: Würde mich freuen, Nick. Das meiste weißt du ja schon.

Potus packt aus

Auf die neuen Funde in Südafrika können die Wissenschaftler stolz sein. Die Chance, dass ein Knochen versteinert, beträgt nämlich nur eins zu eine Million!

1 : 1 000 000

Wolles Museumstipps

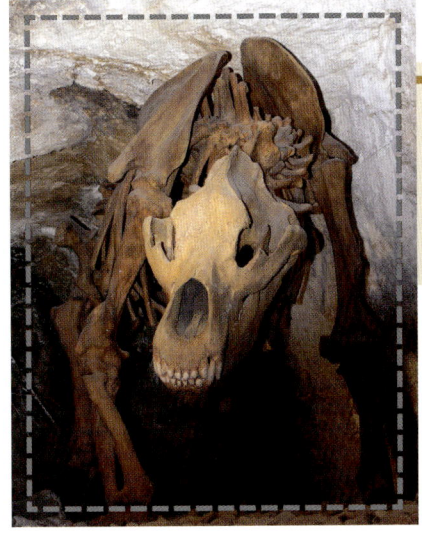

Auf nach Bayern! Im Natur-
kunde- und Mammut-Museum in
Siegsdorf wartet nicht nur
der Höhlenbär.

Naturkunde- und Mammut-Museum Siegsdorf: Mammuts, Bärenhöhle, Höhlenlöwen.
www.museum-siegsdorf.de

Neanderthal Museum Mettmann: Das Original. Mit Steinzeitwerk-statt. Ausflug zur Fundstelle einplanen!
www.neanderthal.de

Südtiroler Archäologiemuseum Bozen: So gut kümmert sich kein Museum um eine Leiche! *www.iceman.it*

Urgeschichtliches Museum in Blaubeuren: Die Welt der Steinzeit-menschen. Alles aus den Höhlen der Schwäbischen Alb. *ww.urmu.de*

Mammutheum in Scharam/Alzing: Der Steinzeitpark von Bernhard von Bredow. *www.mammutheum.de*

Zeittafel

Homo sapiens
200.000 Jahre

Homo neanderthalensis
200.000 Jahre

Homo heidelbergensis
800.000 Jahre

Homo ergaster
1,8 Millionen Jahre

Homo rudolfensis
2,5 Millionen Jahre

Vormensch „Lucy"
3,9 Millionen Jahre

Auflösungen

Seite 9:
Gitarre, Handy, Stundenglas, Schatulle mit „Neandertalern"

Seite 53:
Wanderstiefel, Streichhölzer, Schlüsselbund, Kuhfelltasche

Seite 58 bis 59: Test

1: Speere waren die wirkungsvollsten Waffen der Neandertaler. Die raffinierten Schleudern erfand erst der Homo sapiens.

2: Stein, Feuerstein und Zunderschwamm – so funktioniert das.

3: Die Neandertaler hätten alles verputzt. Bis auf die Brennnesseln – die schmecken nur jung und in einer heißen Brühe – die Hitze zerstört die Brennhaare!

4: Mensch! Mammuts sind doch Säugetiere, und die legen bekanntlich keine Eier.

Zum Zeitpunkt der Drucklegung wurden die im Buch angegebenen Internetadressen auf ihre Richtigkeit hin überprüft. Adressen und Inhalte können sich jedoch schnell ändern. So können Internetseiten für Kinder ungeeignete Links enthalten. Der Verlag kann nicht für Änderungen von Internetadressen oder für die Inhalte auf den angegebenen Internetseiten haftbar gemacht werden. Wir raten, Kinder nicht ohne Aufsicht im Internet recherchieren zu lassen.

Bildquellennachweis

akg-images: S. 4 links, S. 5 links, S. 5 rechts, S. 7, S. 37; akg-images/Thomas Bartilla/Tho: S. 24; akg-images/Bildarchiv Steffens: S. 4 rechts; akg-images/CDA/Guillemot: S. 20 oben, S. 20 unten; akg-images/Herbert Kraft: S. 8 Mitte links; akg-images/Erich Lessing: S. 8 oben links, S. 20 Mitte links; M. Bertling, Geomuseum der WWU Münster: S. 27 oben links, Mitte rechts, unten rechts; Gemeinde Siegsdorf/Karl Stankiewitz, München: S. 27 unten; Gemeinde Siegsdorf: S. 61; Neanderthal Museum, Mettmann: S. 2 oben, S. 2 Mitte rechts, S. 2 Mitte links, S. 8 unten rechts, S. 10, S. 20 Mitte rechts, S. 43; picture-alliance/Agencia Estado/Andre Lessa: S. 27 oben rechts; picture-alliance/dpa: S. 8 unten links; Sabine Saam: S. 2 unten; Senckenberg Naturmuseum, Frankfurt: S. 11; Südtiroler rchäologiemuseum/www.iceman.it: S. 49 links, S. 51; Südtiroler Archäologiemuseum, Foto A. Ochsenreiter: S. 49 rechts.

1. Auflage 2012
© Arena Verlag GmbH, Würzburg 2012
Alle Rechte vorbehalten
„Die Hobbits von Flores" und „Die Verschwörung in der Eiswüste": Katalina Präkelt
Fachliche Prüfung: Dr. Bärbel Auffermann, stellvertretende Direktorin des Neanderthal Museums, Mettmann
Umschlagtypografie: knaus.büro für konzeptionelle und visuelle identitäten, www.e-knaus.de unter Verwendung einer Illustration von Derek Roczen
Illustrationen: Derek Roczen
Innengestaltung und Satz: Punkt und Komma, Claudia Böhme
Gesamtherstellung: Westermann Druck Zwickau GmbH
ISBN 978-3-401-06778-0

www.arena-verlag.de

Volker Präkelt
BAFF! Wissen

978-3-401-06776-6

Zicke, zacke, Dinokacke!
Was die Forscher in Riesenhaufen finden und was sie über die schrecklichen Echsen wissen

Glückwunsch, Mary Anning! Hat das Mädchen doch glatt einen Ichthyosaurus gefunden und einen Plesiosaurus dazu. Und das schon vor 200 Jahren. Auf in die Vergangenheit! Die Dinos warten – mit gefährlichen Blicken und wichtigen Fakten. Das große Abenteuer des Wissens für Dinofans und alle, die es werden wollen.

978-3-401-06779-7

Guck nicht so, Pharao!
Warum Mumien oft beklaut wurden und was die Archäologen über das alte Ägypten herausfanden

Tutanchamun hatte einen Schuhtick? Ja, wirklich! Außer den lässigen Latschen fand Howard Carter im Pharaonengrab jede Menge andere Schätze. Und den stolzen Oberboss höchstpersönlich – als Mumie. Wer dieses abwechslungsreiche Buch liest, kennt sich aus im alten Ägypten.

978-3-401-06777-3

Ach, du lieber Gott!
Warum wir Sehnsucht nach dem Glauben haben und warum es unterschiedliche Religionen gibt

Speisung der Fünftausend. Hier gibt's Brot und Fisch für alle. Der Gastgeber: Jesus. Was passiert? Ein Wunder. Das ist wichtig für die Christen. Und wie denken Juden, Muslime und die anderen? Was es über verschiedene Religionen zu berichten gibt, erzählt dieser Band lebendig und einfühlsam.

 **Jeder Band:**
64 Seiten • Gebunden
Mit Fotos und farbigen Illustrationen
www.arena-verlag.de